S⁺⁼ GERTRUDE
S⁺⁼ CLOTSENDE
ADALBALD
S⁺ⁿ RICTRUDE
S⁺ AMÉ
S⁺ AMAND
St MAURAND
Patron de la Ville de Douai.
S⁺ EUSEBIE
S⁺ ADALSENDE

D'APRÈS UNE ANCIENNE GRAVURE.
IMP. H. LEGROS, 37, DE LA MAIRIE, A DOUAI.

LA VIE

DE

SAINT MAURAND

PATRON DE LA VILLE DE DOUAI

PAR M. POLLET, DOCTEUR EN THÉOLOGIE

ET CHANOINE DE L'INSIGNE ÉGLISE COLLÉGIALE

DE SAINT-AMÉ.

—

NOUVELLE ÉDITION,

Augmentée de notes historiques & d'un supplément.

———

DOUAI

DECHRISTÉ, IMPRIMEUR-ÉDITEUR, RUE DU FOUR,

derrière l'église St-Jacques.

[Mai 1859.]

AVERTISSEMENT

SUR CETTE NOUVELLE ÉDITION.

Le livre du chanoine Pollet, imprimé à Douai en 1630, est devenu d'une grande rareté; les bibliothèques de la province les mieux fournies en productions littéraires, en sont pour la plupart dépourvues. Cette considération, jointe à l'intérêt que l'on attache tout naturellement à la vie d'un saint dont les aïeux furent les fondateurs de Douai, et qui est lui-même le patron de cette ville, qu'il a défendue et protégée à plusieurs reprises, comme l'attestent les processions établies en son honneur par la piété reconnaissante de nos pères, nous a engagé à en faire une nouvelle édition où se trouvent des notes que nous avons cru devoir intéresser le lecteur, et des extraits de livres aussi rares que curieux pour l'histoire religieuse du pays. Nous y avons joint un supplément relatif au culte de S. Maurand à Douai depuis la révolution française, et une courte notice sur la fontaine Saint-Maurand.

LA VIE
DE SAINT MAURAND

PAR M. POLLET

CHANOINE DE SAINT-AMÉ.

———○———

Bien que Dieu , pour les premiers fondements de son Eglise , n'ait point voulu se servir des puissants et nobles de ce monde, mais de pauvres pêcheurs , comme dit saint Ambroise , craignant qu'on ne vînt attribuer la conversion d'icelui à la prudence, aux richesses ou aux forces humaines : *Ne traduxisse prudentia , ne redemisse divitiis, ne potentiæ, nobilitatisque authoritate traxisse aliquas ad suam gratiam videretur :* ce sont ses propres termes, il ne les rebuta pas néanmoins tout-à-fait; mais , selon sa grande et secrète providence, il en choisit quelques-uns d'entr'eux , sinon pour fonder son Eglise , au moins ou pour l'amplifier , ou l'orner de leurs rares et excellentes vertus. Car , comme les nobles saphirs et les riches émeraudes paraissent mieux et ont meilleure grâce sur la pourpre et les diadèmes des rois que sur le gros drap des artisans, ainsi la vertu a toujours plus de lustre et fait plus d'éclat dans les personnes des grands que dans une condition plus obscure.

Ceci se voit clairement en plusieurs saints personnages que Dieu fit reluire en sainteté et vertu , au travers de la pourpre royale , et parmi le lustre de leur noble extraction. Tels ont été le glorieux saint Venceslas, roi de Bohême; saint Henri, empereur; saint Etienne, premier roi de Hongrie; saint Edouard , roi d'Angleterre ; saint Léopold , prince d'Autriche; saint Louis , roi de France; saint Amédée, duc de Savoie; saint Casimir, roi de Pologne , et avant tous ceux-ci, le très-noble saint Maurand , la vie duquel ayant été écrite passé longues années , nous allons remettre au jour , crainte qu'avec le temps elle ne vienne enfin à se perdre dans les ténèbres de l'antiquité.

Saint Maurand, vulgairement Morand, né en 634, fut d'une extraction non moins sainte que noble. Son père fut saint Adalbald (1), duc de Douai, prince des

(1) Quand les Francs s'emparèrent du nord de la Gaule, Ragnaker, chef de l'une de leurs tribus, domina dans le pays de Cambrai et de Douai. Clovis ayant tué ce chef, Mauriana, sa femme, épousa le chef des Francs de Boulogne, et de ce mariage naquirent Wagon et Théobald. Théobald, duc de Douai, qui reçut des fils de Clovis, comme terre allodiale, l'Ostrevent, le pays de Pévèle, une partie de l'Artois et des domaines sur le bord de la Lys, Théobald donna naissance à sainte Gertrude, laquelle épousa Rikomeris, aussi prince du sang et seigneur de Boiry. Sainte Gertrude, qui mourut abbesse et fondatrice de l'abbaye de Hamage, près Marchiennes, où elle avait reçu le voile des mains de saint Géry, évêque de Cambrai, donna naissance à un fils unique, Ausbert, qui, après avoir épousé Blitilde, dite Gerbette, sœur du roi Dagobert, en eut trois fils : Adalbald, son héritier du duché de Douai; Erkembald, maire du palais sous Clovis II, et Sigefried, comte du Ponthieu. Adalbald, élevé dans la piété chrétienne par saint Amand, alla, en 626, à la cour de Clotaire, son grand-père, et de Dagobert, son oncle ; en 633, Karibert, roi d'Aquitaine, de concert avec Dagobert, son demi-frère, envoya le duc Adalbald vers Toulouse, et le chargea de soumettre la province à son obéissance. Le duc ayant combattu et vaincu Hernold, chef des Visigoths, épousa sa fille, et reçut du roi, en récompense de ses services, le titre de vice-roi de Gascogne. Hernold, qui possédait un duché en Gascogne et une principauté à Toulouse, était parent du saint martyr Herménégilde, issu des rois visigoths, qui tiraient leur origine des empereurs Arcade et Honorius. Sa femme, nommée Lucie, descendait des ducs d'Asturie et des rois de Navarre (a).

(a) Voir *Chroniques de Marchiennes*, pages 206, 207, 263 et 264 ;—*De Morinis*, Malbranck ;—Hucbald, *Vie de sainte Rictrude*, ch. 7;—Alcuin, cité par Vredius, *Histoire des Comtes de Flandre*, page 12 ;—*Histoire des Saints de Lille, Douai et Orchies*.

plus nobles de la France, lequel fut par des haineux cruellement assassiné l'an 646, et l'on tient qu'ayant la tête coupée, il la porta, par le ministère des anges, en ses mains, dans l'église voisine, où se prosternant à genoux devant l'autel, il offrit à la divine Majesté et sa tête et sa vie pour ses ennemis (1).

Ce miracle, connu par toutes les terres voisines, avec plusieurs autres qui se firent à son sépulcre, donnèrent occasion de l'honorer comme martyr (2).

Sa mère fut sainte Rictrude, issue pareillement de noble race des ducs de Gascogne. Cette sainte dame, après la triste mort de son mari, fut grandement sollicitée, même par le roi de France (Erquenvalde, frère de saint Adalbald, son mari, étant alors l'un des premiers de la cour), de convoler en secondes noces ; mais, fortifiée de l'esprit de Dieu, et aidée par le conseil et instruction que lui donna le glorieux saint Amand, évêque d'Utrecht, elle tint ferme contre toutes ces importunités, et se détermina, nonobstant la disgrâce du roi et tout ce qui en pouvait arriver, de demeurer en sa viduité, et consacrer le reste de ses jours au service de Notre Seigneur,

(1) Manuscrits de Marchiennes.

(2) Saint Adalbald fut assassiné, près de Vésone, en Périgord, le 2 février (jour auquel l'Eglise fait sa fête). Il fut inhumé alors au monastère royal d'Elnon, depuis nommé abbaye de Saint-Amand. La résolution fut prise avec le roi Dagobert de l'ensevelir audit monastère et de lui faire des funérailles dignes d'un saint martyr de la maison royale. La cour, les princes et la noblesse y assistèrent. *(Histoire des saints Ducs et Duchesses de Douai,* page 52, in-4°, imprimé à Douai en 1637.)

en l'état de religion. Courage vraiment hardi , noble dessein et résolution généreuse, de mépriser si constamment les puissants attraits des richesses et délices mondaines, pour embrasser la croix de Jésus-Christ.

Elle choisit à ces fins l'abbaye de Marchiennes , lieu très-propre, à cause de sa situation, pour vaquer à la contemplation des choses célestes, où, étant retirée, elle y assembla bon nombre de vierges, qu'elle gouverna avec une singulière prudence , discrétion et vertu exemplaire, et finit sa vie saintement, ainsi que le témoignent les fréquents et célèbres miracles faits par son intercession (1).

Or, de ce noble et saint mariage sont sortis de saints et nobles fruits , à savoir : saint MAURAND, le premier né, et trois filles : sainte Clotsende, sainte Eusébie (2) et sainte Adalsende (3), lesquelles toutes, à l'exemple de leur mère, choisirent l'état de religion et consacrèrent leur virginité à Dieu , dont la première lui succéda au gouvernement du monastère de Marchiennes, et la deuxième gouverna celui de Ha-

(1) La fête de sainte Rictrude se célèbre le 12 mai.

(2) Eusébie eut pour parrain Dagobert , roi de France , qui vint à Douai à cette occasion. Ce fut pendant le séjour du roi que le duc Adalbald lui communiqua son dessein de rebâtir le château de Douai en forme de ville (a) et d'y ériger une belle église à Notre-Dame. Son frère Erkembald était de même volonté, et désireux de conférer et de donner ses trésors à cette entreprise magnifique. *(Hist. des saints Ducs et Duchesses de Douai,* page 48.)

(3) On fait la fête de sainte Clotsende le 30 juin; celle de sainte Eusébie, le 16 mars; celle de sainte Adalsende , le 24 décembre.

(a) La première ville avait été détruite par les Huns en 453. (Hist. précitée)

mage (1), après le trépas de sainte Gertrude, grand'-mère de saint Adalbald.

Quelques-uns disent qu'il y eut un autre fils nommé Ursin (2), semblable aux autres tant en vertu

(1) On lit à ce propos dans l'*Histoire sacrée des saints Ducs et Duchesses de Douai*, que sainte Rictrude ayant voulu réunir à Marchiennes les religieuses de Hamage pour ne plus former qu'un seul monastère, celles-ci, d'accord avec sainte Eusébie, qu'elles venaient d'élire abbesse, refusèrent d'obtempérer à cet ordre, se fondant sur la volonté contraire nettement formulée par sainte Gertrude avant sa mort. De là un conflit qui prit fin par une requête de sainte Gertrude au Roi, lequel enjoignit aux religieuses de Hamage de se réunir à celles de Marchiennes; elles vinrent donc s'y établir, emportant avec elles le corps de sainte Gertrude. Pourtant, toutes les nuits elles allaient à Hamage chanter les louanges de Dieu sous la conduite de sainte Eusébie, et revenaient à Marchiennes pour l'heure des matines; ce qui ne tarda pas à être connu de sainte Rictrude, qui interdit ces sorties nocturnes. Apprenant que malgré sa défense ces jeunes vierges continuaient leur pieux pélerinage, elle s'en plaignit à saint MAURAND, qui se mit en embuscade et surprit sa sœur Eusébie au passage de l'eau avec ses religieuses. « Ainsi, à la merci de la nuit, il charge l'enfant et la rudoie de
» fouets. La nature seule l'aidait à détourner la grêle des coups,
» pliant le tendre corps de part et d'autre, si peu heureusement
» qu'elle se glisse en un plus grand mal; car en ténèbres elle
» choqua rudement le fer que le cavalier son frère (il n'était pas
» encore homme d'église) balançait à côté, et en demeura blessée
» au dedans du corps, comme il fut aisé à voir par la salive mêlée
» de sang qui pura par la bouche tout le reste de sa vie. Nonobs-
» tant cette rude rencontre et ce dur échec, Dieu, qui voulait être
» servi et loué à Hamage, affermit la vierge en son saint propos
» plus que jamais, et alors la sainte mère plia d'elle-même à la
» volonté de sa fille qu'elle connaissait être inspirée du Ciel, non
» sans l'aveu des prélats et des gens illustres qui en furent consul-
» tés. »

(2) Molanus, au 5 de mai des Natales des Saints de Belgique.

qu'en profession de la vie continente, mais ces quatre sont plus renommés et connus. De sorte que se vérifie très-bien ce que dit l'Apôtre : *Si radix sancta et rami,* en l'épître aux Romains (chap. 21), c'est-à-dire, si la racine est sainte, ainsi sont les branches ; et semblablement le dire de l'Ecclésiastique (chap. 44) : *Hœreditas sancta nepotes eorum, et in testamentis stetit semen eorum, et filii eorum propter illos usque in œternum manent, semen eorum et gloria eorum non derelinquetur :* c'est-à-dire, leurs neveux sont un héritage saint, leur semence demeure arrêtée aux testaments ou bien en l'observance de la loi du Seigneur, et leurs enfants, pour le regard de leur mérite, demeurent à toujours leur semence, et leur gloire ne se flétrira jamais.

Au temps de la naissance de saint MAURAND, vivait saint Richaire ou Riquier (1), prêtre et grand serviteur de Dieu, lequel annonça le saint Evangile aux pays d'outre-mer, au royaume de la Bretagne. Or, ce saint personnage, à cause de ses rares vertus, fut fort familier avec les parents de saint MAURAND. Ainsi les saints ne se plaisent nulle part mieux qu'en la conversation des saints, s'embrâsant toujours de plus en plus en l'amour de Dieu par leurs mutuels exemples. Cela leur donna occasion de choisir ce saint homme pour parrain de leur fils, priant de le lever des saints fonts de baptême. Joint qu'à l'heure que sainte Rictrude était en mal d'enfant, saint Richaire arriva à l'improviste à la porte du logis ; et quand il

(1) Molanus, au 26 avril des Natales belgiques.

fut entré en la chambre, il se mit en prières pour la délivrance d'icelle, ce que Dieu lui accorda : car, quand il eut achevé son oraison et fut sorti de la place, aussitôt après elle accoucha heureusement de ce divin enfant, ce qui redoubla le sujet aux parents de lui faire ladite requête, comme ayant obtenu ce fils par ses prières et mérites, et lui donna au baptême non pas son nom, ni celui de son père Adalbald, mais MAURAND, non sans quelque instinct et présage divin que ce serait un jour un homme mort au monde. Et pour ne point perdre la compagnie d'un tel personnage, saint Adalbald lui donna dans ses terres, proche de chez lui, une place commode et spacieuse pour y ériger un monastère, lequel fut appelé Centule, afin de jouir plus librement de sa fructueuse conversation et de ses saints discours.

Or, le diable, ennemi juré de notre salut, prévoyant bien que s'il était permis à cet enfant de croître et venir en âge, il pourrait, imitant la sainteté et vertu de ses parents, et au moyen de la bonne instruction qu'il tirerait de saint Richaire, beaucoup endommager son royaume, il s'efforça de l'étouffer dès le berceau, peu de mois après sa naissance, et l'eût exécuté, sans doute, si Dieu ne l'en eût empêché par sa divine providence. Le cas fut tel : un jour, saint Richaire, étant venu visiter sainte Rictrude, pour la confirmer dans les exercices de la vertu (car il ne se peut dire combien les paroles des saints, dites et prononcées avec un zèle affectueux, et accompagnées de l'esprit de Dieu, ont d'énergie pour cet effet), après qu'il fut déjà remonté à cheval pour s'en retourner chez lui, elle fit apporter l'enfant, afin qu'il reçût la bénédiction de ce saint, son parrain; coutume fort louable, et utilement pratiquée parmi les fidèles. Mais le saint l'ayant à ces fins reçu entre ses bras, voici (cas étrange) le cheval, soudain artifice du diable, qui entra dans une telle fougue, se jetant de çà, de là, et se démenant d'une façon si horrible, que personne ne l'osait approcher, de sorte que, sans un particulier secours d'en haut, la pauvre mère ne pouvait attendre autre chose que la perte assurée de son cher fils et du serviteur de Dieu, double sujet d'un deuil inexprimable au cœur pitoyable de cette sainte dame. C'est pourquoi s'étant retirée pour ne point voir un si triste et affreux spectacle, comme autrefois Agar pour ne point voir mourir son fils Ismaël, elle eut recours aux larmes et aux prières, avec parfaite foi et confiance en la bonté de Dieu, ce que fit pareillement le saint, tenant toujours cependant le petit innocent serré entre ses bras, beaucoup plus affligé pour le péril de celui-ci que de son propre danger.

Mais Dieu, qui se tient toujours prêt pour accourir au besoin des siens, les secourut promptement; car on vit l'enfant du haut du cheval porté à terre par une main invisible (1), comme un petit oiseau que l'on voit doucement tomber. Ainsi cet enfant du ciel, par le ministère des anges (2), comme il est à croire,

(1) Molanus, Hucbald, manuscrits de Marchiennes et de Saint-Amé.
(2) Aux Offices de Saint-Amé.

fut posé sur la terre sain et sauf, le saint prêtre délivré, et le cheval soudainement remis en sa première mansuétude; ce qui donna de l'étonnement aux assistants, une joie particulière à la sainte mère, et à tous sujet de glorifier la providence de Dieu. L'enfant, ainsi délivré, fut après d'autant plus soigneusement élevé en la crainte du Seigneur et en toutes sortes de vertus, lesquelles il suça avec le lait maternel, et l'entremise de divers saints personnages, à savoir : de saint Richaire, dont nous avons parlé, et plus tard des très-vertueux prélats et évêques saint Amand et saint Amé, ses directeurs.

Après qu'il eut atteint l'âge compétent, il vint en la cour du roi Théodoric, où était son oncle paternel Erquenvalde, mentionné ci-dessus, un des premiers en crédit auprès du roi; et malgré que l'air des cours des princes soit souvent périlleux, principalement pour la jeunesse, ce jeune prince, toutefois, parmi ces orages, demeura toujours ferme en la crainte de Dieu, tant il en était bien pénétré ; de sorte qu'il fit du palais royal un oratoire et une école de vertu. Il savait du reste si bien allier la dévotion avec les affaires de sa charge, et avec une telle dextérité, que cela donna sujet au roi de le faire son chancelier, qui est l'une des premières charges de la France. Il ne faut pas toutefois penser que ce surcroît d'honneur lui fit perdre sa première résolution ni l'exercice de la vertu, ou le fit plier comme un roseau au vent des vanités mondaines, comme faisaient plusieurs courtisans de son temps, et comme

le font plusieurs autres aujourd'hui ; la sainte éduca-
tion qu'il reçut de sa bonne mère, avec les préceptes
et instructions de sès divins maîtres, le tenaient trop
bien affermi dans la vertu. C'est pourquoi , afin de
se donner un contre-poids, il continuait ses saints et
dévots exercices, se rendait assidu à l'oraison et à la
retraite du cœur, et savait fort bien, à l'occasion, se
dérober des compagnies et trouver la solitude au
milieu de la cour ; semblable en cela au roi David,
lequel , malgré les très-urgentes affaires de son
royaume , trouvait bien le temps de prier et louer
Dieu sept fois le jour : *Septies,* dit-il, *in die laudem
dix tibi,* et se lever de nuit, comme il dit au même
psaume (118) pour prier : *Media nocte surgebam ad
confitendum tibi :* « Je me levais au milieu de la nuit,
dit-il, pour vous louer, Seigneur. » Peut-être n'est-ce
pas si grand'chose d'être bon entre les bons ; mais,
parmi les courtisans, être religieux c'est chose rare ;
avec les superbes demeurer humble ; demeurer au
milieu des vanités que le monde adore , et si bien
garder son âme qu'elle n'en soit point souillée , ce
n'est pas moins admirable que de porter du feu en
son sein et de ne pas brûler : c'est ce que l'on doit
admirer en notre saint MAURAND, lequel n'a pu jamais
être emporté de ces caresses du monde, qui lui
ont toujours été grandement suspectes , les croyant
pleines de trahison.

Mais comme les âmes généreuses ne sont jamais
contentes , et aspirent toujours à une plus grande
perfection , ce noble courtisan, pour assurer son

salut davantage et jouir plus commodément des consolations intérieures que la bonté divine versait continuellement dans son âme, délibéra de quitter tout-à-fait les honneurs et délices de la cour, et se retirer à l'abri de quelque solitude, où ordinairement Dieu conduit ces âmes choisies aux délices spirituelles, selon qu'il dit par son prophète Osée : *Ducam eam in solitudinem et loquar ad cor ejus.* « Je le conduirai, dit Notre Seigneur, en la solitude, et je parlerai à son cœur. » Ainsi fit longtemps auparavant ce grand Moïse, qui préféra aux délices de la cour d'Egypte le mépris et l'opprobre du peuple de Dieu, aimant mieux d'être pauvre, affligé et méprisé avec lui, que d'être caressé parmi le peuple idolâtre, comme dit saint Paul (Héb., ch. 11). Oh ! combien il réitéra cette plainte du roi David (ps. 54) : *Quis dabit mihi pennas sicut columbæ, et volabo et requiescam;* c'est-à-dire, « qui me donnera des ailes comme à la colombe, et je m'envolerai et me reposerai. »

Cependant, sainte Rictrude, ne connaissant pas encore les religieux desseins de son fils saint Maurand, se met en peine pour son salut. Considérant, d'une part, l'infirmité de la jeunesse, et d'ailleurs les périls des honneurs et délices de la cour ; craignant qu'attiré par ces appas, il se glisserait en son âme quelque corruption de mœurs, que l'on voit souvent aux courtisans ; veillant sur son fils comme la poule sur ses petits pour leur découvrir les approches du milan, et à ces fins ne fait que clouper, de peur qu'ils ne s'éloignent et soient attrapés. C'est pourquoi, jugeant qu'il était expédient, pour obvier aux périls de la jeunesse, de l'adresser à quelque bon mariage, elle se mit à penser sérieusement à quelque bon parti sortable à sa condition, afin qu'il pût vivre vertueusement dans les lois d'une sainte alliance. Et en effet, elle avait déjà jeté les yeux sur une noble et vertueuse dame, la princesse Hermingarde, qu'elle croyait être de façon et d'humeur convenable à cet effet. Néamoins, connaissant très-bien l'importance d'une telle affaire, et qu'il est grand besoin de la mener adroitement et avec beaucoup de circonspection, d'autant plus que, comme dit le Sage (Ecc., ch. 26) : *Mulieris bonœ beatus vir. Pars bona, mulier bona, in parte timentium Deum dabitur viro pro factis bonis;* c'est-à-dire : « Le mari de la bonne femme est bien heureux. La bonne femme est une bonne portion en la bonne partie de ceux qui craignent Dieu ; on la donnera à l'homme pour ses bienfaits » ; elle en voulut communiquer avec le serviteur de Dieu et son père spirituel saint Amand.

Le saint Evêque, après avoir bien pesé toutes les circonstances de cette affaire, et étant bien informé des propensions, habitudes et façon de vivre de ce jeune prince (ce qu'il pouvait avoir appris de lui-même, étant alors au logis de sa mère, qu'il était venu visiter), il jugea que c'était plutôt la volonté de Dieu qu'il embrassât la vie continente dans l'état monastique, et comme il avait été auteur à la bonne mère et à ses filles de quitter le monde pour se

consacrer au service de Notre Seigneur, ainsi jugea-
t-il être plus à propos, pour la gloire de Dieu, que
le fils choisît un pareil genre de vie. La sainte mère
ne pouvait rien désirer davantage, mais elle craignait
que son fils, nourri dans les délices de la cour, se
ressouvenant de l'odeur d'icelles, ne voulût à la fin
retourner, comme les enfants d'Israël, en l'Egypte
du monde.

A quoi ce saint prélat répondit que celui qui, au
milieu du feu, avait été par la grâce de Dieu conservé sans se brûler, serait assez fort par la même
grâce pour maintenir son intégrité, étant éloigné des
charbons et des flammes; et puisque l'âme de son
fils n'avait été souillée ni polluée parmi ces vanités
de la cour, elle le serait encore moins en étant éloi-
gnée. Toutefois, pour marcher en cette affaire avec
plus d'assurance, et mieux assurer et le fils et la
mère, il dit qu'il fallait recommander le tout à Dieu,
de qui tout bien procède, et particulièrement le don
de continence. Il eut surtout recours au saint sacrifice de la Messe, comme le souverain remède de
toutes nos nécessités. Il offrit donc ce très-digne
sacrifice à ces fins, avec le plus de dévotion et
ferveur d'esprit qu'il lui fut possible, auquel aussi
ce jeune prince ne manqua pas d'assister, priant
Notre Seigneur à chaudes larmes qu'il lui plût de
lui faire connaître sa sainte volonté. Or, étant en sa
plus grande ferveur, voici, par la Providence divine,
qu'une mouche à miel vient voltiger trois fois à
l'entour de son chef, ce qu'ayant aperçu le saint

prélat, il reconnut, par inspiration divine, que Dieu appelait notre saint MAURAND à l'état de continence. Aussi les abeilles portent volontiers le hyéroglifique de cette belle et angélique vertu.

Ainsi Dieu confirma grandement ses serviteurs en l'élection qui se devait faire de ce nouveau genre de vie, et sainte Rictrude en demeura toute apaisée, ne lui restant plus aucun scrupule de tout ce qu'elle craignait auparavant.

Saint MAURAND donc se résolut de quitter le monde à bon escient pour embrasser la croix de Jésus-Christ et se conformer en tout point à la vocation divine, ne pouvant regretter autre chose que d'avoir tardé trop longtemps à cette sainte entreprise.

Jamais on ne vit épouse honorée d'un riche et noble parti, aller avec tant d'allégresse au festin nuptial, que ce noble cavalier en la maison de Dieu, pour recevoir des mains sacrées de saint Amand la tonsure cléricale et, plus tard, l'habit de religion. Aussi est-ce une espèce de mariage entre l'âme et J.-C., ainsi qu'il le dit par son prophète Osée : *Sponsaba te mihi in æternum;* c'est-à-dire : « Je t'épouserai pour moi à toujours » ; avec cette différence, toutefois, qu'au mariage temporel l'épouse quitte ses habits communs pour se revêtir de brocador et de robes emperlées, mais au spirituel on se dépouille des riches et précieux ornements du monde pour prendre une pauvre soutane et un habit contemptible. Et ce d'autant que, comme dit la sainte Ecriture : *Omnis gloria filiæ Regis ab intus* (ps. 44);

que toute la gloire de la fille du roi, qui est l'âme dévote, est au-dedans, et consiste en l'ornement intérieur des belles et solides vertus.

Au moyen de quoi le valeureux soldat de J.-C. ne fit aucune difficulté de se dépouiller de la pourpre et du manteau ducal pour prendre l'habit clérical, après que le saint évêque, par un grave et affectueux discours de cette sainte cérémonie, eut amplement déclaré l'excellence et la noblesse de cet état avec ses obligations, montrant particulièrement ce qui est signifié par la tonsure ou résécation des cheveux au sommet de la tête, à savoir que le serviteur de Dieu doit retrancher de son cœur les vanités et superfluités du monde, représentées par les cheveux ; et quant à la couronne cléricale, que celui qui la porte doit renoncer aux couronnes périssables de la terre, et aspirer après celle qui est éternelle, méprisant et passant par-dessus toutes les difficultés et mauvaises rencontres qui voudraient l'en empêcher, n'ayant rien plus à cœur que de gagner J.-C., qui seul est son patrimoine et héritage ; ce qui est aussi représenté par le mot de *clerc*, venant du grec *cleros*, qui signifie la même chose que sort ou héritage.

De plus, saint Maurand se fit religieux au même monastère, et se rangea sous la discipline de saint Jonat, premier abbé de Marchiennes, établi par saint Amand pour gouverner les religieux en un quartier dudit monastère, tandis que sainte Rictrude gouvernait les religieuses en un autre quartier séparé au même lieu.

Qui voyait ce jeune prince en habit de religieux, voyait un ange, car il avait une simplicité, modestie, promptitude, obéissance et dévotion toute angélique. Ainsi tout le monde demeure étonné de voir cette jeune plante, transférée de la cour du Roi au jardin du Seigneur, en si peu de temps tellement fleurir en vertu, que dès aussitôt on la vit chargée de très-beaux et très-excellents fruits. De sorte qu'étant le dernier des novices, il était néanmoins le premier aux exercices de religion, et ce avec tant d'allégresse et de courage, qu'en peu de temps il surpassa tous les autres religieux en sainteté et perfection, leur servant à tous d'un rare et excellent modèle de toutes sortes de vertus.

Cependant, l'honneur qu'il devait au Roi, après avoir entrepris cette noble et glorieuse résolution, l'obligea de s'acheminer vers Sa Majesté, pour la remercier des grandes et signalées faveurs qu'il en avait reçues, et prendre congé avec les compliments en ce cas accoutumés.

Jamais on ne fut plus étonné en la cour que de ces nouvelles, tant les princes demeurent ébahis de cette résolution et entreprise : en la fleur de son âge, en l'affluence des honneurs, caresses et prospérités, quitter tout cela pour mener désormais une vie austère et pénitente, c'est un morceau qui semble extrêmement dur à digérer à ceux qui n'ont des yeux que pour regarder les choses superficiellement et en leur écorce ; d'autant que, comme dit fort bien le dévot saint Bernard, les gens du monde voient bien les croix des serviteurs de Dieu, mais ils ne voient point les onctions et consolations intérieures que le Saint-Esprit verse dans leurs cœurs.

« *A quoi pense ce jeune homme? disaient les cour-* » *tisans ; ne compte-t-il pas pour parents treize rois,* » *neuf reines et des ducs sans nombre? n'était-il point* » *le grand chancelier du royaume, duc et comte pala-* » *tin, en affluence de tout bien et d'honneurs, allié* » *avec la plus belle dame de la cour? De quelle étoffe* » *est son esprit? que lui faut-il, vu qu'il donne le ban* » *à tout ce bonheur, et prend parti avec la pauvreté,* » *qui est le malheur du monde?... »* (1)

Le Roi même en a de la peine, et ne sait comment se résoudre à le laisser aller, à cause de ses belles parties, et du grand appui qu'il avait en sa fidélité et prudence. Bref, on ne peut s'imaginer cómbien de choses l'on fit pour rompre ce coup. Mais toute la batterie est en vain, d'autant plus que cette belle âme a le cœur si fermement ancré en l'amour de son Dieu, qu'il n'y a effort qui l'en puisse tant soit peu retirer.

Le Roi donc, le voyant si entier en sa résolution, et qu'enfin c'était un trait de la main de Dieu, il demeura vaincu, mais avec toutes sortes de témoignages de la bonne satisfaction qu'il avait reçue de son service, le chargeant au surplus d'une commission non moins utile qu'honorable, qui fut que passant par la

(1) *Histoire sacrée des saints ducs et duchesses de Douai*, par le P. Martin Lhermite, page 87. In-4º, Douai, veuve Marc Wion, 1637.

ville de Péronne, il prît en sa compagnie le vénérable prélat saint Amé, évêque de Sens, et en fit bonne garde.

Ce saint personnage avait été faussement accusé, comme infidèle au Roi, par des calomniateurs, et de telle sorte que le Roi, croyant trop légèrement aux dépositions de ces malveillants, et sans avoir premièrement examiné le procès, le chassa et bannit de son évêché, l'envoyant en la ville de Péronne, et le donnant en charge au vénérable abbé Ultan, au monastère fondé en cette ville par Erquenvalde, mentionné ci-dessus, oncle paternel de saint MAURAND, lequel le reçut comme un homme de Dieu, connaissant trop bien sa sainteté et innocence et la tyrannie du Roi, et lui fit tous les bons et honorables traitements qu'il lui fut possible. Or, environ dans le moment de la vocation de saint MAURAND, ce bon abbé vint à mourir; de sorte que le Roi prit ici occasion de recommander le saint prisonnier à saint MAURAND, afin qu'il en prît la charge à son tour. Charge à la vérité honorable, mais qui lui fut extrêmement salutaire et profitable; car on ne saurait dire combien il se perfectionna de jour en jour par la continuelle conversation de ce grand serviteur de Dieu; aussi ne peut-on s'imaginer combien il tâcha, de son côté, de lui rendre service en tout ce qui pouvait soulager son exil. Le tout certainement arriva non par hasard, mais par la divine Providence, pourvoyant son cher serviteur saint Amé d'un si noble et si saint gouverneur, qui se donnerait ensuite en gouvernement à son prisonnier.

Saint Maurand donc, pour obéir au commandement du Roi, se chargea du saint évêque, et le mena avec lui à Hamage, au monastère que sainte Gertrude, la grand'mère de saint Adalbald, son père, avait bâti, et gouvernait alors. Or, en passant par la ville de Cambrai, Dieu, par un signe miraculeux, découvrit à saint Maurand la sainteté de ce vénérable prélat son prisonnier; car, lorsqu'ils furent arrivés en la ville, saint Amé désira d'aller d'abord en l'église Notre-Dame, pour y faire sa prière, ainsi que Notre Seigneur voulait faire quand il entrait dans la ville de Jérusalem, où était le temple. Le saint Prélat donc, entré dans cette église au temps de saint Vindicien, évêque de Cambrai, voulut, à cause de la lassitude du chemin, quitter sa chape ou manteau, et pour montrer que toutes choses sont prêtes à rendre service aux serviteurs de Dieu, la divine Bonté voulut que les rayons même du soleil, passant à travers de la verrière, lui servissent d'appui pour reposer son habit; ce qui arriva de la sorte; comme ordinairement les pélerins ayant les yeux frappés de la lumière et ardeur du soleil, en entrant dans un lieu ombragé semblent voir une chose pour une autre, ainsi ce bienheureux pélerin saint Amé, après la longue fatigue du chemin, tout ébloui qu'il était du soleil, entrant dans la susdite église, pensait des rayons du soleil qui traversaient la verrière que ce fût comme un porte-manteau disposé pour recevoir sa chape, où la jetant elle fut miraculeusement soutenue des rayons du soleil (1), jusqu'à ce que saint Maurand survenant en ladite église, et étonné de voir le vêtement de ce saint soutenu de cette façon en l'air, sans autre ministère que celui des anges, il reconnut clairement que c'était sans doute un grand personnage doué de quelque rare sainteté et d'une perfection beaucoup plus signalée que celle qu'il estimait pour lors. C'est pourquoi il alla soudain se jeter à ses pieds, lui demandant humblement pardon de ce qu'il l'avait à son avis jusque-là traité avec si peu d'honneur, lui offrant pour l'avenir toutes sortes de services, jusqu'à se rendre prisonnier et esclave pour lui, s'il était besoin. Saint Amé le relève de terre, le console et l'embrasse étroitement, l'assurant qu'il n'y avait rien de sa faute ; qu'il l'avait traité mieux que ses mérites, et qu'après tout il n'était qu'un serviteur inutile, homme mortel et pécheur, et partant qu'il ne devait pas se mettre en peine à son occasion, le suppliant comme il fait accroire d'une chose qu'il l'obligea tant qu'il ne manifesterait à personne ce miracle pendant sa vie.

Leurs prières achevées, ils poursuivirent leur chemin à Hamage, et de là à Marchiennes, lieu de la résidence de sainte Rictrude. Mais comme il est impossible de raconter le contentement que saint Maurand reçut en ce voyage par les saints discours de saint Amé, qui lui ravissaient le cœur, aussi ne peut-on exprimer la joie et allégresse spirituelle qu'il

____

(1) Chroniques de Cambrai, liv. 1er, ch. 22.

apporta à sa sainte mère ; et non sans cause , car Jésus-Christ, qui embrâsa par ses divins discours les deux pélerins d'Emmaüs, c'est lui-même qui parle par la bouche de ses serviteurs, c'est lui qui anime leur langage et donne la vertu à leurs paroles.

Enfin, la dévotion qu'ils eurent tous deux à ce saint homme, à cause de ses rares et excellentes vertus , s'accrut tellement en peu de jours, qu'ils furent émus de lui bâtir un dévot monastère en leur terre de Breuil, que maintenant on appelle Merville (1), afin qu'il y assemblât bon nombre de religieux sous la règle de saint Benoît, lui passant par chirographe la donation des biens qu'ils y possédaient ; laquelle donation fut depuis notablement augmentée par le roi Théodoric , en expiation de la grande faute qu'il avait commise , ayant si injustement banni et jeté hors de son évêché ce glorieux prélat saint Amé.

Saint MAURAND fut l'un des premiers qui se rangèrent sous sa discipline audit lieu , et il y fit de si grands progrès en toutes sortes de perfections, que saint Amé le désigna avant de mourir pour son successeur au gouvernement dudit monastère ; aussi n'y avait-il personne qui approchât de si près de ses mérites que saint MAURAND, et qui eût les conditions requises pour cette charge. De manière que saint Amé étant sorti de ce monde , chargé de mérites et de couronnes, le 13 de septembre de l'an de N. S. 690,

(1) Les armes de Merville, ou Mauranville, représentent dans le haut de l'écusson les saints Maurand et Amé, et au bas se trouvent les armes de France (l'écusson aux trois fleurs de lys).

saint Maurand, son disciple et vrai héritier de ses vertus, entreprit le gouvernement de cette sainte maison, non toutefois sans beaucoup de répugnance, et après avoir employé tous les moyens possibles pour s'en excuser. Car c'est le propre des âmes saintes de fuir les dignités avec non moins de souci que les imprudents les recherchent avec chaleur, sachant bien qu'il est toujours plus sûr de se laisser gouverner par autrui que de gouverner les autres. En cette administration, il entreprit à bon escient de représenter un vif portrait de son glorieux prédécesseur, et de l'imiter de tout son pouvoir dans les jeûnes, veilles et pénitences, en oraison et perpétuelle mortification, et en tous les autres exercices de la religion; ce qu'il faisait avec un tel esprit et activité, qu'il se montrait partout un vrai patron et miroir de toutes sortes de vertus. Rien de plus humble ni de plus affable, toujours petit à ses yeux et croissant de plus en plus au mépris de soi-même; et ainsi que les arbres élèvent leurs branches à proportion qu'ils jettent de profondes racines, de même ce saint abbé s'élevait d'autant plus à la perfection qu'il s'abaissait profondément en l'humiliation de soi-même.

Il gouverna ainsi ce monastère environ l'espace d'onze ans, après lequel temps il plut à Dieu de l'appeler de cette vie mortelle à la jouissance de l'éternelle, le jour de l'Ascension, cinquième de mai, l'an de grâce 701, dans la soixante-douzième année de son âge, au monastère de Marchiennes, où il était venu vraisemblablement pour visiter le sépulcre de sa sainte mère (1), ou pour quelque autre raisonnable sujet ; et comme il avait procuré une sépulture honorable à saint Amé, son prédécesseur, au monastère de Breuil ou Merville, on lui fit de même à Marchiennes dans l'église du monastère, près d'un puits que l'on appelle encore aujourd'hui le *puits Saint-Maurand*, qu'il avait fait creuser exprès pour en tirer l'eau nécessaire au saint sacrifice de la Messe,

(1) Sainte Rictrude mourut, à l'âge de 74 ans, le 12 mai 687. La riche châsse qui renfermait son corps, dit M. Parenty, chanoine d'Arras, dans sa *Vie de sainte Berthe* (in-18, Arras, 1847), fut envoyée de Marchiennes, en 1793, à l'hôtel des Monnaies de Paris. Un employé de cet établissement, M. Desrotours, déposa plus tard ces reliques, avec celles de plusieurs autres saints, à l'archevêché de Paris. Elles y restèrent jusqu'au 29 juillet 1830, époque où elles furent dispersées pendant le pillage du palais de Mgr de Quélen. On n'en trouve plus qu'un petit fragment conservé dans l'église de Notre-Dame de Paris.

La châsse de sainte Rictrude pesait environ 67 kilogrammes. Fabriquée à Douai par Antoine Poveur, orfèvre, elle avait coûté à Jacques Coëne, abbé de Marchiennes, qui en fit présent à son abbaye, la somme de 13,127 livres 14 sols 6 deniers parisis, sans compter les pierreries magnifiques qui la couvraient. Elle était décorée de statuettes, de reliefs, de ciselures, qui en faisaient, avec la châsse de sainte Eusébie, aussi donnée à son monastère par le même abbé, les œuvres les plus belles de ce genre répandues dans les Pays-Bas, au rapport du P. Lhermite. Cette dernière châsse, faite aussi par l'artiste douaisien, pesait 73 kilogrammes, et avait coûté, en dehors des joyaux, des pierres précieuses, et d'un morceau de corne du licorne donné par la comtesse de Buren, 13,480 livres. (Voir cartulaire de Dom Coëne, cité par M. Charles de Linas dans son *Etude sur Jacques Coëne* In-8°, Amiens, 1856.) Ce curieux ouvrage contient le plan de l'abbaye de Marchiennes, d'après l'original conservé aux Archives du Nord.

jugeant, par une très-grande piété, qu'il était indécent de se servir à un si saint usage de l'eau commune dont les frères se servaient pour se laver ; piété que Dieu eut pour agréable, comme il le démontra par les miracles arrivés en faveur des malades qui buvaient de cette eau, lesquels furent guéris.

Or, la divine Providence ayant destiné saint MAURAND pour devenir le singulier défenseur et patron tutélaire de la ville de Douai (1), son sacré corps fut transporté, avec grande solennité et applaudissement de tout le peuple, et fut posé en l'église collégiale de Saint-Amé, laquelle fut ainsi appelée depuis que le corps de saint Amé y fut transporté du monastère de Breuil, à cause des persécutions des Normands ou Danois, qui fut l'an 870.

Car elle était auparavant nommée l'église Notre-Dame, autrefois bâtie par les aïeux de saint MAURAND, et depuis rebâtie par saint Adalbald, son père, comme étant au fond de son héritage.

Après la translation du corps de saint Amé, les religieux de Breuil, tant pour garder ce précieux trésor que pour tant mieux s'assurer contre les incursions des méchants, furent conseillés de quitter le lieu ordinaire de leur résidence et de se placer à Douai, près ladite église, où ils persévérèrent jusqu'à ce que cette église, de conventuelle, fût changée en collégiale, environ l'an 900 ou à peu près. De sorte que depuis lors, ces deux grands trésors (les sacrés corps de saint Amé et de saint MAURAND) furent

(1) La ville de Douai a pris saint Maurand pour patron l'an 1478.

honorablement gardés par le vénérable collége des chanoines dudit lieu. Semblable changement à celui de Marchiennes , où , au lieu des religieuses , furent quelque temps après mis des religieux, au temps de Bauduin , comte de Flandre , et de l'abbé Ledunin , troisième abbé de Marchiennes , et en même temps abbé de saint Vaast (1). Et certes aussi , il était raisonnable que les corps de ces saints fussent conjoints et reposassent en une même église et sous une même couverture, puisque, vivants sur la terre, leur esprit et leur volonté avaient été si saintement unis.

Quant à la translation du corps de saint MAURAND de l'abbaye de Marchiennes à Douai, en l'église de Saint-Amé , bien que l'on ne puisse assurer en quel temps elle aurait été faite (les uns lui assignent l'an 900, les autres 985), néanmoins il est certain qu'il a été élevé en fierte par Aluïsius, évêque d'Arras, l'an 1139 , en présence du bienheureux Gossuin , abbé d'Anchin, et de celui de *Casa-Dei,* que l'on dit être Vironigue, avec une multitude innombrable de peuple, tant clercs que séculiers.

Durant cette élévation , on aperçut un cercle brillant en l'air , lequel ne s'est évanoui des yeux des assistants que lorsque les sacrées reliques furent mises en fierte.

Nous trouvons , page 61 du livre intitulé *Fondation du couvent de la Sainte-Croix,* etc., du P. Petit, dominicain, in-4°, imprimé à Douai en 1653, le récit suivant d'une nouvelle translation des reliques de

(1) Molanus , au 12 de mai , en sainte Rictrude.

saint Maurand : « La translation du B. corps de S.
» Maurand, patron de Douay, a estée faicte l'an 1638,
» le 5 de may, avant la messe haute, par M. François
» Sylvius, docteur en théologie et professeur royal et
» ordinaire, doyen de cette église de S. Amé. Tous
» les chanoines de l'église y estants presents, le ma-
» gistrat de la ville en corps, et un monde de peuple.
» Les ossements de ce sainct furent publiquement
» retirez de la vieille châsse qu'on avoit portée sur
» le jubé, d'où on les monstroit au peuple qui estoit
» en la nef ; de là mis dans un grand bassin d'argent.
» Le susdict doyen, accompagné de MM. les chanoines,
» descendants tous du jubé, les apporta au milieu
» du chœur, où estoit une nouvelle châsse d'argent,
» artistement faicte avec des figures ; en laquelle
» furent honorablement posez et enserrez ces saincts
» ossements. Après la messe solemnelle chantée par
» le sieur doyen, ont esté portez en procession ge-
» nerale par la ville, et ces MM. (de S. Amé) en ceste
» solemnelle action, nous demonstrerent les effects
» de leur ancienne affection, ne faisants aultres sta-
» tions dans quelque église, qu'en la nostre, où ce
» B. corps reposa. Nous estions en ceste procession,
» de conte faict, plus de cent religieux de l'ordre,
» y comprenant ceulx de nostre college de S. Tho-
» mas, qui y assisterent.... »

Voici maintenant la description de cette châsse,
que nous donne le P. Petit, dans son *Histoire des
Saints de Douai* :

« Elle est d'argent massif, de trois pieds et demi de

» long, de deux pieds de haut, ornée de pierreries,
» de sept colonnes d'un côté, et de douze statues
» massives d'apôtres, d'anges, et de celle de saint
» MAURAND, dont les hauts faits sont gravés autour
» de ladite châsse. »

La dévotion du peuple douaisien à saint MAURAND croissant de jour en jour, accrut pareillement la faveur du saint pour la ville, dont, entre plusieurs bénéfices qu'elle a reçus de Dieu par son intercession, il y en a trois plus notables, remémorés tous les ans par trois processions publiques et solennelles, instituées à cette occasion en actions de grâces, ayant été trois fois délivrée des surprises des ennemis par la défense et protection du saint. La première fut l'an 1479, le 16 de juin (1); la deuxième, le 6 de janvier

(1) Les archives de la ville de Douai contiennent en effet un titre qui porte qu'en 1480, une procession générale fut établie *en l'onneur de Dieu et de toute la cour celestiale et de Monsieur saint Maurant.* Cette procession, renouvelée chaque année, comme les deux autres dont parle le chanoine Pollet, avait lieu au mois de juin et se nommait· procession de la ville. En cette circonstance, un cortége, qui se composait parfois de douze cents personnes, en tête duquel marchaient les quarante-deux corps de métiers avec leurs emblêmes, leurs torches garnies de fleurs, et les mayeurs portant chacun le patron de la jurande; puis les nombreuses communautés religieuses, le clergé de la ville, les chapîtres des deux collégiales de Saint-Amé et de Saint-Pierre, revêtus de leurs riches ornements; au centre de la procession paraissaient les images des saints et les précieux reliquaires (a), parmi lesquels se distinguait

(a) Voir, pour se faire une idée du nombre et de la beauté des bustes et reliquaires possédés par la seule collégiale de Saint-Amé, le *Précieux Diadéme,* par le P. Willart, dominicain, in-4°, 1645. Douai, B. Bellère.

1556, et la troisième, le jeudi-saint 1579, auxquelles processions son sacré chef est honorablement porté par les chanoines de ladite église (1) : dont la première se

surtout la châsse de saint Maurand ; puis les confréries avec des flambeaux entourant le Saint-Sacrement, porté par le premier dignitaire ; enfin l'Université, le siége royal de la gouvernance, l'échevinage, en un mot tous les corps constitués. Les quatre compagnies de serment escortaient la procession, où se faisaient entendre différentes musiques ; on voyait ensuite se dérouler des représentations symboliques et religieuses à cheval et en chariot, et en tête des chars de triomphe, dont le chiffre a varié de quinze à vingt, celui de saint Maurand, le plus beau de tous, le seul qui fût équipé aux frais de la ville, et sur lequel un jeune homme couvert d'un manteau fleurdelysé, le sceptre à la main, la couronne ducale en tête, et entouré de tous les insignes de la sainteté, représentait le patron de la cité. *(V. M. Quenson).*

La fête était annoncée la veille par le son de toutes les cloches, et c'était *Maurandine*, le gros bourdon de Saint-Amé, qui n'était mis en branle qu'aux *bonnes fêtes*, qui donnait le signal. Cette cloche, bénite le 8 octobre 1650, et qui avait eu pour parrains les échevins de Douai, pesait 10,500 livres.

Pendant la cérémonie, les portes de la ville étaient fermées, la circulation des voitures interdite, et le canon grondait sur les remparts. Quand l'officiant donnait la bénédiction du Saint-Sacrement au reposoir élevé sur la Grand'Place, toutes les troupes faisaient une décharge de leurs armes.

(1) Cet illustre et vénérable chapître, qui ne relevait que du Saint-Siége, n'a jamais laissé à qui que ce fût l'honneur de partager avec lui ce précieux fardeau. Nous en avons encore la preuve sous les yeux dans deux placards provenant de la collégiale de Saint-Amé, des années 1784 et 1786, signés Gavelle, chanoine et secrétaire du chapître, sur lesquels on voit les noms des chanoines qui, quatre à la fois, devaient prendre la sainte relique du patron de Douai, avec la désignation des lieux où les changements s'opéraient. Quant au corps du saint, renfermé dans un reliquaire particulier, il était porté par les prêtres bénéficiers du chapître de

fait le dimanche avant la veille de saint Jean-Baptiste ;
la deuxième, le premier jour de janvier, jour de la
Circoncision de N. S. ; la troisième, le lendemain du
jour de Pâques.

Saint-Amé. Voici le texte d'un de ces placards, où on retrouve
plusieurs noms appartenant aux plus honorables familles de Douai :

IN SUPPLICATIONE GENERALI HUJUS CIVITATIS 9ᵃ JULII 1786.

VENERABILE SANCTI MAURONTI CAPUT DEFERENT.

Ab hac ecclesiâ ad ecclesiam S. Petri :
DD. Descamps, d'Haubersart, Chevalier, Mellez.
Ab ecclesiâ S. Petri ad Beatæ Mariæ Virginis :
DD. Parfait, Gavelle, de Bacquehem, du Chastelet.
Ab ecclesiâ B. Virginis ad domum civicam :
DD. Froissart, Maroniez, Gavelle, du Chastelet.
A domo civicâ ad hanc ecclesiam :
DD. Majault, Legrand, Ernotte, Dewery.

EJUSDEM S. CORPUS VENERABILE DEFERENT.

1. Mᵍʳⁱ Froissart, Dewalle, Delacroix, Cartigny.
2. Mᵍʳⁱ Chevalier, Manie, Planchon, Derin.
3. Mᵍʳⁱ Dusauchoy, Duchesnoy, Delorme, Marteau.
4. Mᵍʳⁱ Delferiere, Villers, Godescaux, Legris.

*Qui omnes sive per se sive per alium altitudine parem locis
assignatis ad esse studeant.*
De mandato VV. DD. meorum de Capitulo :
GAVELLE,
Can. et secret.

Il ressort de cette citation que la procession solennelle de la ville,
qui, sortie de Saint-Amé, allait successivement aux églises Saint-
Pierre et Notre-Dame, pour revenir par la maison de ville, avait
singulièrement raccourci son parcours. Ainsi, autrefois, cette procession, partant de grand matin de la collégiale de Saint-Amé,
se rendait aussi à Saint-Pierre, puis à Notre-Dame, où se chantait

« L'an 1479 (1) , les ennemis, maîtrisant la ville
» d'Arras, jetaient leurs yeux et leurs espérances sur
» Douai. L'appareil était fait pour la surprendre avec
» 4,000 hommes et toutes sortes de machines de
» guerre la nuit devant le 16 de juin, malgré que la
» trève ne fût pas expirée. A l'heure même de l'ex-
» ploit, les bourgeois de Douai étaient en prières

une messe solennelle ; après l'office divin, la procession montait le
rempart qu'elle parcourait dans toute son étendue (a), en mémoire
de ce que le saint patron de Douai avait autrefois parcouru ces
mêmes remparts pour défendre la cité menacée. A chaque porte
était un reposoir. Sur la porte d'Arras, un banquet, appelé le
banquet du desjeuner, était offert *à MM. les gens d'église, esche-
vins, six-hommes, conseils, et autres personnes notables* de la
procession, par le portier, qui, lisons-nous aux archives de la ville,
s'excusait, en 1580, *sur la chierté du temps,* de ne leur avoir pré-
senté cette année que *pain et vin, rosties, beurre frais, cerises et
autres fruits ;* repas à la vérité fort modeste, cette fois, si l'on en
compare la dépense, savoir, 4 livres 5 sols, à celle de 69 livres et
plus qu'il occasionna les années antérieures et suivantes (b). La procession, revenant ensuite reprendre à la file la partie du cortége qui
n'avait pu la suivre sur le rempart, retournait à Saint-Amé. Mais
en 1699, parut un mandement de l'évêque d'Arras (c), Guy de Sève
de Rochechouart, portant que toutes les processions, commencées
et terminées de jour, eussent désormais une durée raisonnable qui
ne dépassât pas trois heures.

(1) *Histoire des Saints de Lille, Douai et Orchies,* pages 480 et
suiv., d'après le récit de Buzelin en ses Annales.

(a) Le maître des hautes et basses œuvres était tenu d'approprier
le rempart pour cette procession, On lit dans les comptes de la ville
pour 1576 : « Payé à Adrien Labelet, maistre, etc., pour avoir
» nettoyé les immondices des remparts à la procession generale de
» la ville : 24 sols. » (Voir M. le conseiller Quenson, *Gayant, ou
le géant de Douai,* in-8°, Adam, 1839.
(b) Ouvrage précité.
(c) Avant la révolution, Douai était du diocèse d'Arras.

» dans l'église de Saint-Amé, demandant secours de
» leur patron saint MAURAND, et les hommes d'armes
» bien en point sur les murailles, car ils avaient eu
» le vent de l'entreprise, qu'un bon ami d'Arras leur
» avait adressé par une femme. Le matin, les portes
» ne s'ouvrirent pas à l'ordinaire; l'ennemi, qui se
» tenait caché dans les blés, avance vers la porte un
» cheval sans bride, pensant allécher les gardes à
» sortir. Ce ne fut pas le cheval de Troie, qui portait
» en son ventre des gens armés, mais bien le signal
» qu'ils étaient en embuscade. Ce mot d'avis vole sur
» les remparts, d'où on répond d'un ton horrible
» avec les canons qu'on décharge sur le gros des
» escadrons, qui faisaient les chiens couchants; plu-
» sieurs y demeurèrent, les autres furent habiles
» à gagner au pied, laissant toutes leurs machines
» de guerre, qui servirent de trophées à l'église
» Saint-Amé. »

« Le plus évident danger advint l'an 1556 (1), la
» vigile des Rois, lorsque de coutume les gens du
» monde se laissent tremper plus libéralement dans
» la boisson et le sommeil. L'ennemi avait épié l'oc-
» casion que la ville était endormie profondément,
» où il approchait déjà les échelles, quand saint
» MAURAND apparaît en songe au sonneur de l'église
» Saint-Amé, lui ordonnant qu'il eût à sonner les
» cloches; celui-ci s'excusait une et deux fois, disant

(1) Arnould Wion, l. 3, lig. *vitæ B. janua.*

» qu'il n'était point encore l'heure des matines ; au
» troisième commandement du saint , il obéit ; mais
» à demi éveillé , comme il pensait donner le signal
» des matines avec le carillon, les cloches sonnaient
» alarmes et le tocsin , comme l'on fait lorsqu'une
» place est attaquée de l'ennemi. Les bourgeois
» sautent du lit , prennent les armes , courent sur
» les murailles , où ils voient le saint qui faisait la
» ronde en habit de religieux parsemé de lys d'or,
» avec le sceptre royal en main, et connaissent à vue
» d'œil que le saint patron avait défendu sa ville en
» leur absence. »

» « N'a-t-il pas aussi renversé les desseins des Gan-
» tois , l'an 1579 (1) , qu'ils avaient sur Douai , le
» Jeudi-Saint ? Quelques traîtres étant entrés dedans
» pour soulever le peuple , les rebelles viennent
» d'Oudenarde toute la nuit, et se trouvent de grand
» matin cachés dans les marais, près la porte de
» Saint-Albin, en grand nombre. A porte ouvrant,
» quelques cavaliers s'avancent à la course ; l'un des
» gardes , les apercevant, fut inspiré d'avaler le
» tapcul ; ces ennemis s'arrêtent, pensant que leur
» entreprise fût découverte et leur mine éventée ; la
» frayeur se glisse entr'eux ; chacun se lève de son
» quartier et tous font montre à la ville d'environ 18
» enseignes, qui rebroussaient chemin à la hâte sans
» que personne leur donnât la chasse que le saint

(1) Narré d'un chanoine de 80 ans, témoin oculaire.

» patron de Douai et le canon sur les murailles. Le
» chef de la trahison fut trouvé en l'hôtellerie, exé-
» cuté à mort et sa tête pendue maintes années sur
» le beffroi. »

Quant à la dévotion des pélerins arrivant journel-
lement en ladite église, pour honorer ses saintes
reliques et recevoir par son intercession les faveurs
de Dieu, particulièrement la guérison de la langueur
des enfants et d'autres maladies, elle s'y voit encore aujourd'hui fort fréquentée et célébrée; Dieu
ainsi honorant la mémoire des saints, conférant
plusieurs bénéfices à leur invocation à ceux qui les
honorent, comme il fit autrefois à l'ombre de saint
Pierre, et des mouchoirs de saint Paul que les malades honoraient et respectaient.

La fête de saint MAURAND se célèbre le 5 de mai
par toute la ville de Douai (1), et le Révérendissime
Paul Boudot, évêque d'Arras, a dernièrement or-
donné que quand cette fête arriverait le jour de
l'Ascension de N. S., elle serait transférée au lendemain. Dieu nous fasse à tous la grâce d'imiter les
vertus de ce glorieux saint, et surtout que ceux qui
sont héritiers de ses biens le soient aussi de ses
vertus. *Amen.*

----

(1) « La ville de Douai, dit le P. Lhermite, chôme la fête de
» saint MAURAND le 5 de mai. Il s'y trouva un téméraire qui voulut
» la violer par mépris; mais en présence des témoins qui lui fai-
» saient la correction fraternelle, pensant tailler en drap avec des
» ciseaux, il se coupa misérablement la main. » *(Hist. des Saints
de Douai,* etc., page 484.)

ORAISON A SAINT MAURAND.

Dieu éternel et tout-puissant, qui nous avez donné pour patron et défenseur votre bienheureux confesseur saint MAURAND, en l'âme duquel vous mîtes un tel dégoût des délices, honneurs et biens temporels, qu'il les quitta tous promptement pour votre service, faites-nous la grâce de jouir perpétuellement de sa protection, et mettez en nous un tel mépris de tout ce qui est ici-bas, que nous ne goûtions désormais que les joies spirituelles et célestes, pour les posséder en l'éternité.—*Amen.*

APPROBATION.

Cette histoire *de la vie de saint* MAURAND, *abbé,* a été lue par le soussigné, et jugée digne d'être mise en lumière à la plus grande gloire de Dieu et en l'honneur du saint, ne contenant aucune chose contraire à la sainte foi.

Fait en Douai, le 25 de mars 1630.

Gery LESPAGNOL,

Docteur en la S. Théologie, pénitencier
d'Arras et censeur de livres.

FIN.

SUPPLÉMENT.

LE CULTE DE St MAURAND,

APRÈS LA RÉVOLUTION.

On a vu dans l'ouvrage du chanoine Pollet que la dévotion à saint MAURAND avait pris, à travers les siècles, un grand accroissement ; dès l'année 1528, on *chômait* le jour de sa fête, et cet usage s'est maintenu jusqu'à la révolution.

La statuaire, la peinture, le burin avaient redit *les hauts faits* du patron de la ville. L'église de Saint-Amé était décorée de statues de toute espèce, représentant le saint et sa famille, dont quelques-unes ont échappé au marteau révolutionnaire, ainsi qu'un très-petit nombre de tableaux et gravures. Nous citerons, parmi les tableaux , la belle toile d'Arnould Dewez , représentant l'*investiture de saint Maurand,* et que l'on voit dans l'église Saint-Pierre ; un autre , venant aussi de Saint-Amé, retraçant la scène de l'adoration des Mages, où l'on a fait intervenir saint Maurand et saint Amé, ainsi que saint Onésime et saint Gurdinel, honorés dans l'illustre collégiale. Ce tableau a été donné à l'église Saint-Jacques par le vénérable M. Levesque, son ancien grand-doyen. Enfin, nous possédons nous-même l'empreinte très-curieuse d'un vieux cuivre que nous devons à l'obligeance de M. Arthur Dinaux ; nous allons en donner la description : cette planche, faite en forme de bannière à pointe , représente saint Maurand dans son costume royal , avec deux blasons fleurdelysés ; sur le devant d'un fond de paysage montueux , sont des individus qui viennent *servir* le saint : c'est une femme agenouillée avec deux enfants dont un au maillot ; un personnage richement vêtu (costume du siècle de Louis XIV) ; un pauvre mendiant qui jette sa béquille ; ces deux derniers mettent un genou en terre et sont dans l'attitude de la reconnaissance. Cette planche est bien gravée. M. Dinaux la croit de Martin Baes, de Douai.

A l'époque de la révolution, nous ont dit plusieurs personnes contemporaines, entre autres le vénérable M. Levesque , le corps de saint Maurand a dû être caché dans le jardin du refuge de l'abbaye d'Hénin-Liétard , situé à Douai, rue des Vierges, lequel comprenait tout le terrain depuis la maison portant encore son nom jusqu'à celle qui fait le coin de la rue des

Vierges et de la rue d'Equerchin ; mais, comme cette propriété a été depuis divisée, il serait difficile de retrouver aujourd'hui ce précieux dépôt. Quelques reliques du saint, qui avaient été données en divers lieux par le chapitre de Saint-Amé, ont échappé à la destruction. La plus considérable est celle de l'abbaye de Saint-Ghislain, près Mons, en Belgique, qui est encore conservée dans la chapelle des religieuses hospitalières dudit lieu ; elle consiste dans le crâne et la mâchoire inférieure du saint. Une parcelle authentique de cette relique nous a été généreusement donnée par un bon religieux, qui l'avait obtenue lui-même de l'évêché de Tournai, ainsi que la copie des pièces latines en parchemin, renfermées dans le reliquaire de Saint-Ghislain, dont voici la teneur :

Anno Domini 1609.... januarii, Reverendus abbas Amandus Danvaing hujus monasterii S. Ghisleni.... in hâc capsidâ de mandato suo.... fabricatâ et à se benedictâ, posuit caput S. Maurundi confessoris.

Locus signaturæ.   *Locus sigilli.*

Anno ab incarnatione Domini millesimo septingentesimo trigesimo septimo, die vigesimâ aprilis, sedente Clemente duodecimo Pontifice Maximo, Carolo VI imperatore feliciter regnante, Mariâ-Elisabethâ Austriacâ Belgii gubernatrice, translata sunt cranium, maxilla inferior et dens unus sancti Maurundi confessoris ex veteri statuâ in hujus scrinii conclavi ab amplissimo Domino Ghisleno Levesque, hujus monasterii Sancti Ghisleni abbate, præsente D. Benedicto Gallez et toto conventu. Fuerant præfatæ reliquiæ translatæ à D^{no} Amando Danvaing, prout ex actâ ab eo signatâ et sigillo ejus munitâ constitit.

D. GHISLÉNUS LEVESQUE, *abbas Sancti Ghislini.*
F. PHILIPPUS BERNIÈRE, *sacrista.*

KETELBUTER, *secrét.*

Après la tourmente révolutionnaire, la dévotion à saint Maurand a repris avec un nouvel éclat à Douai. Une foule de personnes le choisirent pour patron de leurs enfants ; des corporations le prirent pour leur protecteur ; entre autres, le grand établissement fondé, en 1807, par M. Gautier d'Agoty, et situé place Saint-Jacques, à l'ancien collége des Grands-Anglais. Tous les ans, le 5 mai, jour de la fête de saint Maurand, on voyait les ouvriers de cette manufacture, musique en tête, parcourir les rues de la ville, portant différents produits de l'établissement sur des brancards décorés de fleurs.

De nombreux pélerins viennent constamment honorer saint Maurand dans l'église paroissiale de Saint-Jacques à Douai, qui a remplacé la collégiale de Saint-Amé (1). On y conserve une parcelle des reliques et une belle statue de saint Maurand, provenant de cette même et illustre collégiale. L. D.

---

(1) En mémoire du saint patron de Douai, la grosse cloche de Saint-Jacques porte le nom de *Maurandine.*

LA

FONTAINE St-MAURAND.

La rue de la Fontaine-Saint-Maurand, aujourd'hui renfermée dans un si étroit espace, avait autrefois son entrée sur la place du Marché-au-Poisson, derrière le *Minck*. Un pont en pierre traversait la Scarpe. D'abord nommé pont du Châtelain et des Orphelins, il portait en dernier lieu le nom de Saint-Maurand. Le 25 juillet 1310, ce pont s'écroula ; cet accident coûta la vie à 14 personnes, et plusieurs autres furent blessées.

Les archives de la ville font mention, à la date de 1682, d'une « requête de Claudine Paternotte, veuve » d'Amé Huez, adjudicataire de la ferme mise sur la » fontaine de Saint-Maurand, pour laquelle elle ex- » pose qu'elle a eu perte de deux tiers depuis la prise » de cette ville pour diverses raisons. La première ,

» que l'occupeur de la burie a. fait construire plu-
» sieurs planchers sur la rivière où les gens sont à
» couvert pour laver leur linge ; la deuxième, que la
» saison de cette année a été si ingrate par les pluies
» continuelles qu'elle a détourné un chascun de faire
» voyages à l'accoutumé ; la troisième et la plus con-
» sidérable , est que les ecclésiastiques font courir le
» bruit que c'est superstition de se baigner , jusqu'à
» faire entendre aux personnes qui se rendent à cet
» effet à ladite fontaine que Mgr. l'Evêque l'a défendu.
» De là vient qu'il y a perte très-notable en ladite
» ferme. Aussi est-elle diminuée au dernier passe-
» ment d'un tiers ; elle demande une modération et
» un délai d'un an pour payer.—Par apostille : A été
» en conseil le 23 novembre 1682, il lui est fait mo-
» dération de cent florins et on lui accorde trois ans
» pour payer le surplus à trois termes moyennant
» caution. »

L'eau de la fontaine, des plus limpides, est répu-
tée pour la meilleure de la ville. On lit à ce sujet la
singulière citation qui suit, page 16 de l'ouvrage intitulé : *Fondation du couvent de la Sainte-Croix,* etc.,
que le 13 mai 1647, le P. Thomas Turcus, maître gé-
néral de tout l'ordre des FF. Prêcheurs, étant arrivé
à Douai , où il fut reçu en grande pompe , il prit sa
réfection aux Dominicains : « D'abord il s'enquit et
» demanda de la bonne eau, et comme il en eut
» gousté de la fontaine de S. Maurand , elle parut si·
» aggreable à sa veuë et à son goust , qu'il protesta

» n'en avoir beu de meilleure dans touts les Pays-
» Bas. »

Le 18 avril 1821, on démolit le pont Saint-Maurand, ainsi que cinq ou six petites maisons adjacentes, pour la construction du quai qui a conservé le nom du saint. Dans l'angle au nord de la rue précitée se trouve la fontaine Saint-Maurand, célèbre surtout depuis le XIe siècle.

« Elle commença en ce temps, dit le P. Lhermite,
» à espandre abondamment sa vertu contre les maux
» de langue et toutes sortes d'infirmitez, laquelle a
» coulé 600 ans, faisant reluire jusqu'à nos yeux des
» guérisons admirables. » *(Histoire des Saints de Lille, Douai et Orchies*, p. 256.)

Cette fontaine était autrefois entourée d'une grille en fer, où de petites écuelles se trouvaient suspendues à des chaînes pour y puiser et boire. Dans l'enfoncement de la muraille était pratiquée une niche qui contenait la statue du saint patron de Douai. La fontaine est aujourd'hui renfermée et couverte, pour éviter tout inconvénient. On y a fait une pompe où beaucoup de personnes viennent, même de loin, comme jadis, boire et emporter de l'eau par dévotion, ou pour obtenir la guérison des maux d'yeux, de bouche ou de gorge.   L. D.

Douai.— Imp. DECHRISTÉ, rue du Four, derrière l'église St-Jacques.
— MAI 1859 —

LA VIE DE SAINT MAURAND,

en vers français

———◦———

M. le docteur LE GLAY, archiviste-général du dé-
partement du Nord, en se livrant à ses recherches
aussi laborieuses que savantes, a découvert, dans les
archives de l'abbaye de Marchiennes, faisant partie
du riche dépôt confié à sa garde, un manuscrit qu'il
intitule *Miscellanea Marchianensia*. « C'est, dit-il,
» un petit in-4º non folioté, assez informe, mais
» contenant de précieux détails sur l'histoire de
» l'abbaye et sur les personnages qui s'y sont dis-
» tingués. C'est l'œuvre d'Adrien Pottier, moine de
» Marchiennes, qui vivait en 1624. Après un extrait
» des annales du Hainaut, par Jacques de Guyse,
» concernant sainte Rictrude, certifié par Romain
» Choquez, capucin, auteur de quelques ouvrages

» connus , on trouve une vie française de sainte
» Florence , abbesse , puis viennent les *Miscellanea*
» proprement dits. Ces mélanges offrent, entre autres
» fragments curieux , une vie de saint Maurand en
» vers français, petit poème composé de 14 strophes
» de 11 vers chacune. »

Nous sommes assez heureux pour reproduire ici
ce petit poème, grâce à l'extrême obligeance du
vénérable M. Le Glay , qui a bien voulu nous
l'envoyer après l'avoir copié de sa propre main. Qu'il
daigne recevoir l'expression publique de notre vive
reconnaissance.

L. D.

1

Très noble sainct, oultre humaine noblesse,
Noble deux fois ains que fut tout morant,
Noble en parens et plus noble en humblesse,
Quand tu laissa le monde qui trop blesse
Pour avecq Dieu estre rememorant,
Qu'il soit ainsi, glorieux saint Maurant,
De Lothaire, roy de France munye,
Prit ton pere regale progénie,
Estant martyr Adabalde nommé,
Et ta mère, dame de Wasconie,
Saincte Rictrude t'eust pour fils bien aimé.

2

Treize Roys sont de ton sainct parentaige,
Dont descendue est la noblesse au monde;
Neuf Roynes, cincq duqcs et davantaige,
Quinze sainctes sont pour noble partaige
Du sainct arbre qui telz fruicts purge et munde:
Saincte Clotsende, Eusèbe, Adelsend monde
Furent tes sœurs; sainct Wandregil famé,
Et sainct Arnulph, évesque renommé,
Saincte Gertrud, saincte Ycte et saincte Berthe,
Avecq plusieurs que je n'ay ci nommé,
Sont tes parents: la chose est tout aperte.

3

Un bon arbre toujours un bon fruict porte,
Comme on cognoist du costé paternel,
Qu'Erembaldus ton oncle fonda porte
Et l'église de Peronne où on porte
A sainct Fursy honneur ; du maternel
Sainct Ernold qui veut le bien éternel
Ton grand pere fut, et ta grande mère
Saincte Lichie, en quoy fut nette et meure
Ton enfance ; car oncque ne cessa
Ta mere tant qu'elle fut la commère
De sainct Riquier lequel te baptisa.

4

A sainct Riquier volt Dieu monstrer l'envie
Que le diable contre lui suscita ,
Quand ta mère du Saint Esprit ravie,
Qui te portoit petit enfant en vie,
Pour toy bénir par le sainct qui monta
Sur son cheval qui derrier se jetta,
Puis chà, puis là, tant que sans la prière,
De tes parens, tu eusse rude chière ;
Mais tost cessa la rage forchenée,
Lorsqu'en priant, s'en fuit en fumière
Le diable qui fallist ceste journée.

5

Le doulce attrait de ton adolescence,
Le cler engin duquel tu abondois
En bonnes meurs, ton humble erubescence,
Ton beau maintien, ta belle corpulence,
L'illustre lieu duquel tu descendois
Te mist en court, en laquelle excedois,
Après le Roy, tous les nobles de France;
Car du Roy fus par ta volonté franche,
Le chancelier et nommé connestable,
Gardant toujours de vilaine souffrance
L'honneur de Dieu et de toy comme stable.

6

En jonesse, par stimul de nature,
Une noble pucelle, gracieuse
Tu espousas; mais par l'utile cure
De sainct Amand, tu mis la paine et cure
De eviter la vie voluptueuse,
Dont ta mère eut joye sollacieuse,
Quand pour garder la pure chasteté,
Tu t'absenta, pour la divinité
Mieux contempler, et te volu partir
Sans l'attoucher, qui fut en vérité
Faict noble assez pour estre dit martyr.

7

Toy persistant en ton propos honeste,
De tonsure receus le noble signe
Par sainct Amand et fus clercq sans moleste
Lequel receu, une chosse céleste
Ce fut un ez qui purité désigne ;
Lequel fit par trois ung cercle insigne
Dessus ton chief ; lors te donna entendre
Comment le hault fait au hault lieu contendre
Et par rondeur s'entend perfection ;
Ausquelz saincts montz tu sceus si bien attendre
Qu'oncques depuis ne fis désertion..

8

Car tous tes biens pour le divin service
Tu volz alors soubit distribuer,
Pour fonder lieu auquel tu fus novice
Et notable moine sans quelque vice.
Affin d'à Dieu honneur contribuer
Tu te laissa le tiltre attribuer
De diacre ou d'estre nommé lévite ;
Mais pour fuir orgueil qu'ung bon évite,
Jamais n'osis arriver à prestrise,
Tant humble estois, combien que droit t'invite
D'avoir d'abbé sur les moines maistrise.

9

Pour t'apprendre à ouvrer en la sacrée
Vigne de Dieu, après que fus famé
D'estre abbé de vie bien réglé,
Dieu t'envoya, pour œuvre consolée,
Ung beau trésor, lequel fut sainct Amé,
Le bon pasteur des dévotz reclamé
Quand exul fut sans cause à Péronne,
Lorsque volut la régale couronne
Qu'avecq tes gens fust mis à Menreville,
Il augmenta le bien qui t'environne ;
C'est la grace que ne ha pensée vile.

10

Lorsqu'à Cambray messe dire voloit,
Le sainct Amé feit voir visiblement
Que Dieu l'aimoit et puis ne le celoit.
Quand le soleil audict sainct famuloit,
Qui de ses rays soubstint totalement
Sa cappre chair, lors caritablement
Te prosternas lui demandant pardon,
Et présentant toy et tes biens par don.
Ce qu'il receupt pour don si gracieux
Qu'oncques depuis ne sceut par son lardon
Le diable oster vostre veuil précieux.

11

Que diray-je de la semence exquise
Qu'avez semez ; ce m'est chose impossible.
Douay, Arras, Austrevant ont acquise
La foy par vous qui doibt estre requise ?
Que diray-je l'austérité possible
Que tu as eut pour estre en Dieu paisible,
En l'an sept cens et ung, quand t'eus receu
Cinq jours en may, le bien qu'avois percheu ?
Pas n'est en moy, mais qu'ès haulz habitacles,
Tu ayes pooir, l'homme, s'il n'est déchut,
Assez le voidt par evidens miracles.

12

Ton corps estoit reposant à Marchiennes,
Quand un signeur mesprisant tes reliques,
Voloit ravir ton droict, les rentes tiennes,
L'immunité du lieu pour faire siennes
Et molestoit tes bons frères pudicques ;
Mais touché fut par ultions céliques,
Quand au retour son cheval le jetta
Au fond d'un puis mort ; aussi s'absenta
L'an quinze cens qu'on dit vingt et un mains,
L'honneur franchois, quand à Douay tu vins
Dessus les murs, armé de corps et mains.

13

L'an mil ung cent trent et neuf fut transmis

Ton précieux corps en fierte nouvelle.

Lors on perchut, comme coronnes mis,

Plusieurs cercles luisans à tes amis.

En as Douay, par grace supernelle,

Tu préservé de guerre criminelle

Ceste ville contre insidiateurs.

Gens prisonniers, langoureux, viateurs,

Goutteux, boiteux, podagres inutiles

Sont tous gueris, s'ils sont implorateurs

D'avoir par toy les aïdes utiles.

14

Glorieux sainct, protecteur nécessaire,

Refuge seur et patrocinateur

Qui l'imparfait de membres peut parfaire,

Aider, refaire et ce qui nait deffaire.

De mon affaire, entend moi, vrai tuteur

Selon mon cœur; je suis ton serviteur,

Implorateur de portion, de grace.

Fay moy suivre de la vie la trace,

Pour avecq toy véant Dieu face à face,

Fruiz En Regne Opérant Vérité (1).

(1) Les cinq lettres initiales de ce dernier vers forment le mot Ferou, nom de l'auteur du poème.

Douai.—Imp. DECHRISTÉ. (1859.)

TABLE.